Rolf Zimmermann

Aufsteigen mit dem neuen

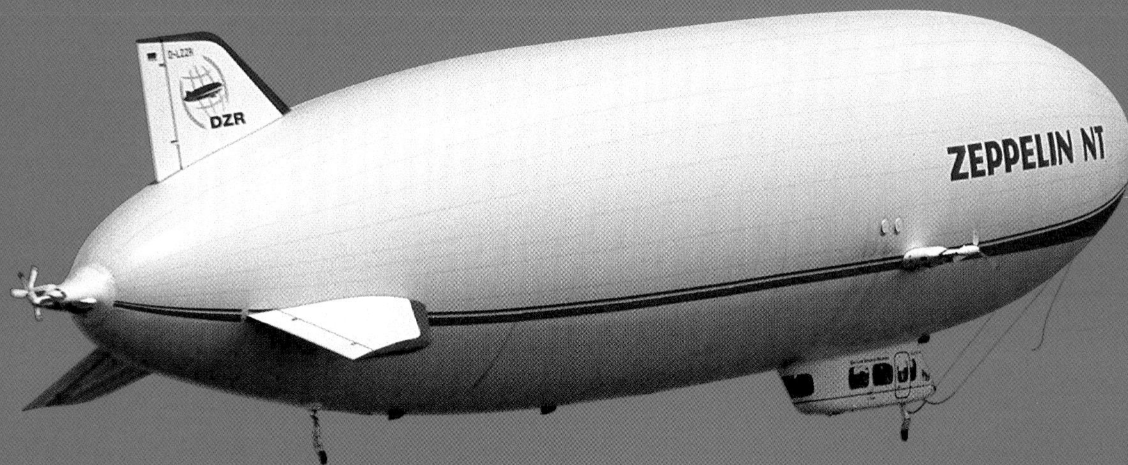

Verlag Stadler

DZR
ZEPPELIN NT

Inhaltsverzeichnis

Die Rückkehr der Zeppeline

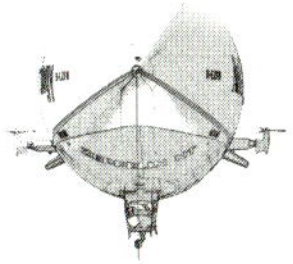

Zu den neuen Erfahrungen, auf die ich mich seit Jahren freute und von denen ich mir besonders schöne und starke Eindrücke versprach, gehörte das Fahren mit einem Luftschiff. Und nun liegt auch diese Erfahrung und Freude, die ich noch fern glaubte, schon hinter mir und ist Vergangenheit geworden.
... Es dauerte nicht lange, so konnten wir einsteigen, eine bequeme kleine Holztreppe hinan, und merkwürdigerweise war dabei gar kein neues und fremdes Gefühl, weder Erregung noch Bangen, sondern es war die einfachste und vergnüglichste Sache von der Welt, da einzusteigen und in der eleganten, luftigen Kabine auf den behaglichen Rohrstühlen Platz zu nehmen, wo man saß wie in einem sehr bequemen Speise- oder Aussichtswagen.
... Plötzlich stieg das Schiff empor und die Menschenmenge wurde klein und komisch, die Stadt Friedrichshafen wurde erstaunlich übersichtlich und niedlich, auch die riesige Halle sank zu einem belanglosen Fleck zusammen. Dafür aber ging uns das Reich der Lüfte auf, und die Welt wurde erstaunlich groß und weit, und wir sahen nahe und ferne Städte still um den See stehen.
... Wir flogen mit einer Schnelligkeit, die wir nur am eilig dahin rasenden Schatten des Luftschiffes annähernd schätzen konnten, über den See gegen Bregenz hin, über Wasserburg, Bad Schachen und Lindau weg, und waren plötzlich schon in Bregenz. In der Kabine war trotz der weiten, nicht verglasten Fenster kaum eine Spur von Luftzug zu bemerken; sobald man indessen Kopf oder Hände aus dem Fenster streckte, brauste die Luft wie ein Sturmwind vorüber.
... Die Rückfahrt ging noch rascher, und es war mir und uns allen viel zu früh, als wir wieder über die Halle schwebten und vom Ameisengewimmel der Arbeiter empfangen wurden, die die ausgeworfenen Seile fingen und festhielten.
... Und ich weiß gewiss: sobald ich wieder Gelegenheit finden werde zu fliegen, werde ich es mit tausend Freuden tun.“

So beschrieb der spätere Nobelpreisträger Hermann Hesse unter dem Titel „Spazierfahrt in der Luft“ seinen Erstflug mit LZ 10 „Schwaben“ im Sommer 1911 von Friedrichshafen über den Bodensee. Und nun, 90 Jahre später ist es wieder soweit, seit Mitte August 2001 sind Rundflüge ab Friedrichshafen möglich, im Jahr 2002 auch über Berlin und Stuttgart, und 2003 z. B. ab Freiburg.

Graf Zeppelin, Kapitän Georg Hacker und Dr. Hugo Eckener in der Führergondel des Luftschiffes LZ 10 „Schwaben“ 1911 / 1912

S. 4: Das Bodenpersonal zeigt der Besatzung des anfliegenden Zeppelins die Windrichtung am Landeplatz

Vom Versuchsmodell bis zur Taufe des Zeppelins „Bodensee“

Rund fünfzig Jahre vergingen seit der Ära der großen Zeppeline, bis man in Friedrichshafen wieder ernsthaft die Idee verfolgte, Zeppeline mit einer starren Innenstruktur zu entwickeln. Nach ersten Machbarkeits- und Marktstudien wurde 1991 ein flugfähiges Versuchsmodell von 10 Meter Länge und ungefähr 20 kg Gewicht gebaut, das mit seinen schwenkbaren, elektrisch angetriebenen Propellern hervorragende Flugeigenschaften bewies.

Sechs Jahre später erhob sich am Nachmittag des 18. September 1997 zum ersten Mal der Prototyp des „Zeppelin NT“ in die Luft. Die Begeisterung darüber und die Resonanz in den Medien waren ähnlich wie beim Aufstieg des ersten Zeppelins LZ 1 am 2. Juli 1900. Rund 30.000 Schaulustige verfolgten den Erstflug, und mehrere tausend Besucher kamen erneut, als

Elisabeth Veil, Enkelin von Graf Zeppelin und Dr. Bernd Wiedmann bei der Zeppelintaufe des Luftschiffes "Friedrichshafen"

Von links: Florian Windischbauer, Alt-Zeppeliner Eugen Bentele, Projektleiter Klaus Hagenlocher und ZLT-Gründungsgeschäftsführer Max Mugler mit dem 10 m langen Versuchsmodell

dieser Prototyp am 2. Juli 2000 auf den Namen „Friedrichshafen" getauft wurde. Anfang 2001 wurde die Deutsche Zeppelin-Reederei DZR als Betreibergesellschaft für die Zeppelinflüge gegründet.

Ein weiterer wichtiger Meilenstein war die Musterzulassung des Zeppelin NT im April 2001. Die feierliche Übergabe der Zulassungsurkunde an Herrn Dr. Bernd Sträter, den Vorsitzenden der Geschäftsleitung der Zeppelin Luftschifftechnik GmbH, fand im Rahmen der Eröffnung der Luftfahrtmesse „AERO 2001" am 26. April 2001 in Friedrichshafen statt. Damit ist der Zeppelin NT weltweit das erste Luftschiff mit einer Zulassung für den gewerblichen Betrieb in der Luftfahrtkategorie für 10 bis 19 Passagiere.

Nur wenige Wochen später, am 19. Mai 2001 startete das zweite Luftschiff, das der Zulassung entsprechende Serienmodell SN 002, zu seinem Erstflug. Am 10. August 2001 wurde dann dieser Zeppelin im Beisein zahlreicher Ehrengäste von Seiner Königlichen Hoheit Carl Herzog von Württemberg auf den Namen „Bodensee" getauft. Seit dem 15. August 2001 wird der Zeppelin „Bodensee" für Rundflüge eingesetzt.

Ein Jahr später, am 29. August 2002, konnte bereits der zehntausendste Fluggast begrüßt werden; und am 9. Februar 2003 ist der dritte Zeppelin NT mit der Kennung D-LZZF zu seinem Jungfernflug gestartet.

Rechts oben: OB Josef Büchelmeier, SKH Herzog Carl von Württemberg, Minister Ulrich Müller, Bundesministerin Elisabeth Gehrer, Dr. Bernd Sträter und Günter Schwenk bei der Taufe des Serienmodells SN 002 auf den Namen "Bodensee"

Dr. Bernd Sträter mit der Zulassungsurkunde des Zeppelin NT auf der AERO 2001

Glückwünsche und ein Blumenstrauß für den zehntausendsten Fluggast

ZEPPELIN NT

Gleich beginnt das „wohlige Dahinschweben“

Freundlicher Empfang beim Einchecken der Passagiere

S. 8: Kurz vor dem Start, die Bodencrew entfernt die Einstiegstreppe

Sommerlich warm ist es in dem großen weißen Partyzelt, das neben der Zeppelinhalle in Friedrichshafen die Passagiere empfängt. Hier gibt es Souvenirs und erfrischende Getränke, hier wird eingecheckt, und von hier begeben wir uns in die Passagier-Lounge. Aus bequemen Sesseln verfolgen wir aufmerksam die Erläuterungen der Sicherheitsregeln für das richtige Ein- und Aussteigen und für das Verhalten während des Flugs. Denn beim Zeppelin „Neuer Technologie“ ist manches anders als beim Flug mit einem Passagierflugzeug.

So bringt uns ein Kleinbus nur bis in die Nähe des Startplatzes, wo wir auf die Ankunft des Luftschiffs warten. Der Zeppelin nähert sich vom Friedrichshafener Stadtteil Ailingen kommend, schwebt über der neuen Messe, schwenkt in Richtung seines Landeplatzes und richtet sich gegen den Wind aus. Dann sinkt er mit Unterstützung seiner Motoren und der schwenkbaren Propeller langsam auf die Wiese hinunter.

Für einen schnellen Passagierwechsel geht der Zeppelin nicht an seinen Ankermast, sondern er setzt nur kurz auf dem Boden auf. Anders als die Luftschiffe des vorigen Jahrhunderts ist der beladene Zeppelin NT nämlich etwas schwerer als Luft. Er „fliegt“ also wie ein Flugzeug mit der Kraft seiner Motoren, während die alten Zeppeline leichter als Luft waren und daher wie heutige Heißluftballons „fuhren“.

Die Boden-Crew öffnet die hintere Tür und hängt eine kleine Treppe mit Geländer ein. Dann werden wir Passagiere dicht beisammen bleibend vor die Nase des Zeppelins geführt. Wenn nun wie bei einem Flugzeug erst alle 12 Passagiere des vorangegangenen Fluges ausstiegen, würde der Zeppelin zu leicht und könnte wie ein Ballon abheben. Daher müssen die angekommenen Passagiere im breiten Gang der Kabine noch etwas warten. Zuerst steigen zwei neue Fluggäste ein, gehen nach vorn und nehmen auf den bequemen Flugzeugsitzen Platz. Dann erst steigen die ersten beiden Passagiere aus, die nächsten zwei ein, wieder zwei aus und so weiter, bis alle neuen Passagiere ihre Plätze eingenommen haben und alle Gäste des vorangegangenen Fluges ausgestiegen sind.

Jeder hat einen Fensterplatz, und die riesigen Panoramafenster reichen bis zu den Armlehnen der bequemen Sessel hinunter. Und nun warten wir gespannt auf den Start und das Gefühl des „wohligen Dahinschwebens“, wie es Hermann Hesse vor über 90 Jahren an anderer Stelle seines Berichts beschrieb.

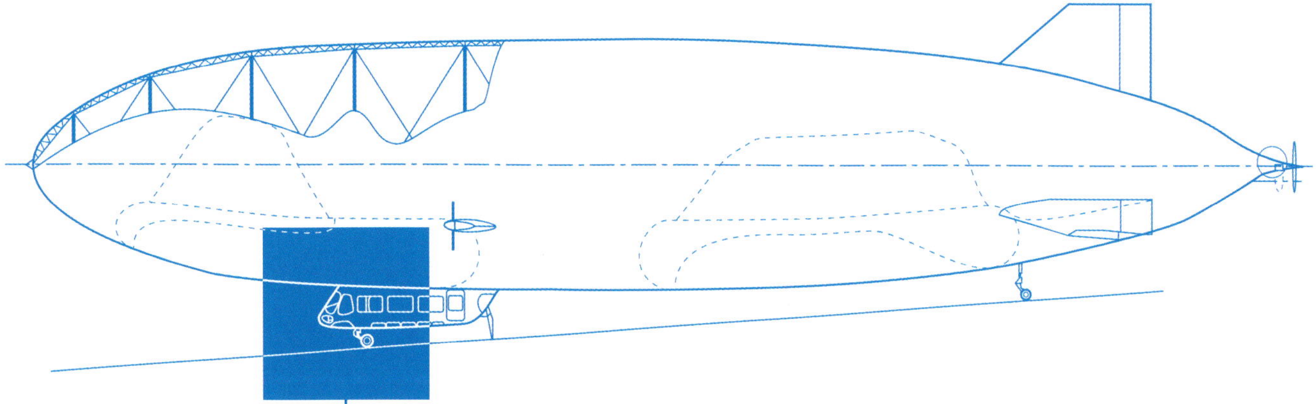

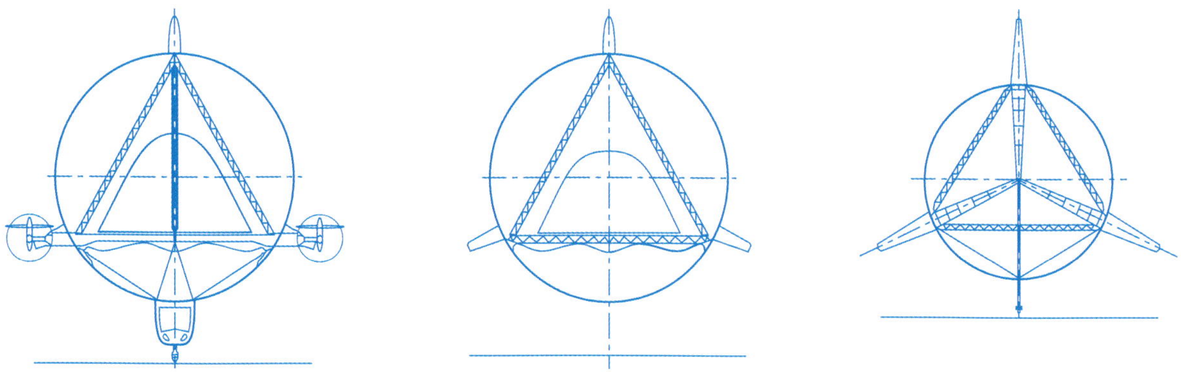

DER ZEPPELIN NT

Abmessungen

Länge	75 m
Maximale Breite	19,5 m
Höhe	17,4 m
Hüllenvolumen	8.225 m^3
Max. Ballonet-Volumen	2.200 m^3

Gondel

Sitzplätze	2 + 12
Kabinenlänge	10,7 m

Eigengewicht

Max. Startgewicht	8.040 kg
Max. Zuladung	1.900 kg

Flugleistung

Max. Geschwindigkeit	125 km/h
Max. Flughöhe	2.600 m
Max. Reichweite	900 km

Zeppelinhalle

Länge	110 m
Breite	68 m
Höhe	32 m

Noch ein paar technische Daten

Natürlich bemerkt man 90 Jahre technischen Fortschritts nicht nur am modernen Cockpit. Die Sitze sind keine wackeligen Korbstühle mehr, die riesengroßen Aussichtsfenster sind verglast, und die extrem reißfeste Hülle ist mit unbrennbarem Helium gefüllt. Drei starke Motoren von je 200 PS und schwenkbare Propeller erlauben den Piloten Manöver ähnlich wie bei einem Hubschrauber. Und bei Start und Landung braucht der Zeppelin NT nicht mehr die früher übliche große Haltemannschaft.

Die Bezeichnung „NT" steht für „Neue Technologie". Die Zeppeline alter Technologie besaßen ein starres Gerippe aus ringförmigen Spanten und zahlreichen Längsträgern, genau in der bauchigen Form des Zeppelins. Beim Zeppelin NT hat die tragende Innenstruktur zur Gewichtsersparnis keinen runden Querschnitt, sondern einen dreieckigen, aufgebaut aus jeweils drei Querträgern aus Karbonfasern, die mit Aluminium-Längsträgern untereinander verbunden sind und an denen die Hülle befestigt ist. Die bauchige Form erhält der „halbstarre" Zeppelin NT durch einen leichten Überdruck in der mit Helium gefüllten Hülle.

Der Zeppelin NT ist mit 75 m Länge und einem Hüllenvolumen von 8.225 m^3 das zurzeit größte Luftschiff der Welt. Der Überdruck in der Hülle beträgt nur 5 mbar, also nur etwa 0,5 % mehr als der Außendruck. Zwei Luftkammern (Ballonets) im Inneren der Hülle mit einem Maximalvolumen von zusammen 2.200 m^3 halten durch Hinein- und Herauspumpen von Luft diesen Innendruck bei sich ändernden Temperaturen und äußeren Luftdruckverhältnissen konstant. Je höher der Zeppelin fliegt, desto kleiner wird das Volumen dieser Luftkammern, bis die maximale Flughöhe erreicht ist. Das Leergewicht liegt bei etwas über 6 t, die Zuladung (2 Piloten, bis zu 12 Fluggäste, Treibstoff und ggf. Ballast) kann bis zu 1.900 kg betragen.

Bei den Passagierrundflügen sorgen ungefähr 7.000 m^3 unbrennbares Helium für den Auftrieb, die Ballonets sind daher beim Start etwa zur Hälfte mit Luft gefüllt. Der Zeppelin NT hat dann am Boden, beladen mit Passagieren, Piloten und Treibstoff abzüglich dieses Auftriebs eine „statische Schwere" von etwa 300 kg.

Die typische Reisegeschwindigkeit für Rundflüge liegt im Bereich 70 bis 80 km/h. Dann verbraucht der Zeppelin ungefähr 40 kg Flugbenzin pro Stunde. Mit einer Höchstgeschwindigkeit von 125 km/h sind genügend Reserven vorhanden, um auch bei starkem Wind sichere Flüge zu ermöglichen.

Die Kabine bietet reichlich Platz, und man kann den Piloten bei der Arbeit zusehen

Der Trick mit dem Schwenk

ZF liefert auch für den neuen Zeppelin wieder Schwenkgetriebe.

53.700 Beschäftigte, über 9 Milliarden Euro Umsatz, 119 Standorte in 25 Ländern, so präsentiert sich die ZF Friedrichshafen AG, ein weltweit führender Automobilzulieferkonzern in der Antriebs- und Fahrwerktechnik. Die Passagiere des Zeppelin NT können bei den Antriebssystemen des Luftschiffes voll auf die jahrzehntelange Erfahrung von ZF vertrauen, wurden doch schon Anfang der Dreißiger Jahre Schwenkpropellergetriebe im LZ 127 „Graf Zeppelin" eingebaut. Der Trick mit dem Schwenk ist heute für das High-Tech Luftschiff NT selbstverständlich. Drei Getriebe von ZF, mit einem Schwenkwinkel bis zu 120 Grad und ein Querfan, der vom Heckantrieb

zusätzlich angetrieben wird, sorgen für höchste Manövrierfähigkeit und ermöglichen ein konkurrenzlos ruhiges und ökonomisches Fliegen. Das Luftschiff kann wie ein Helikopter senkrecht starten und punktgenau landen. Das durch die Schwenkpropeller optimierte Start- und Landeverfahren erfordert unter normalen Wetterbedingungen nur drei Mann Bodenpersonal. Mit der Konstruktion dieser Getriebe knüpft ZF wieder an die eigene Tradition an: Schließlich veranlasste Graf Ferdinand von Zeppelin 1915 die Gründung von ZF, um leistungsstarke, zuverlässige Getriebe für seine Luftschiffe und auch für Fahrzeuge entwickeln und bauen zu lassen.

Der Start

Es gibt keine Trennwand zu den Piloten, und wir können ihnen während des ganzen Flugs bei der Arbeit zusehen. Wir schnallen uns an, die Einstiegstreppe wird entfernt, und die Tür wird von außen geschlossen. Dann schwenken die Propeller, die Piloten geben Gas, das Luftschiff hebt die Nase etwas an, und wir steigen kaum merklich wie in einem gläsernen Aufzug langsam nach oben. Die Boden-Crew wird immer kleiner, wir sehen nun die große Zeppelinhalle von oben, und auch das neue Messegelände wird sehr übersichtlich. Ganz sanft hat der Zeppelin nun auch Fahrt nach vorne aufgenommen.

Schon nach kurzer Zeit erlischt das Anschnallzeichen und es ist erlaubt, in der geräumigen Kabine umherzugehen. Die beiden großen Fenster der Türen vorne rechts und hinten links haben zusätzliche Klappfenster und die lassen sich öffnen. So kann man nicht nur aus dem offenen Fenster hinaus fotografieren und filmen, sondern auch eine Hand oder das Gesicht hinausstrecken und den Fahrtwind bei etwa 40 Knoten (75 km/h) spüren.

Je nach Wetterlage wird die „badische" Westroute nach Meersburg und Konstanz oder die „schwäbische" Ostroute nach Lindau und Bregenz geflogen.

Durch riesengroße Fenster kann man die Ansicht genießen

S. 14: Die 110 Meter lange Zeppelinhalle liegt zwischen dem neuen Messegelände und dem Flughafen Friedrichshafen

Links: Der Zeppelin NT schwebt wie ein Hubschrauber über seinem Startplatz

Der Bodensee

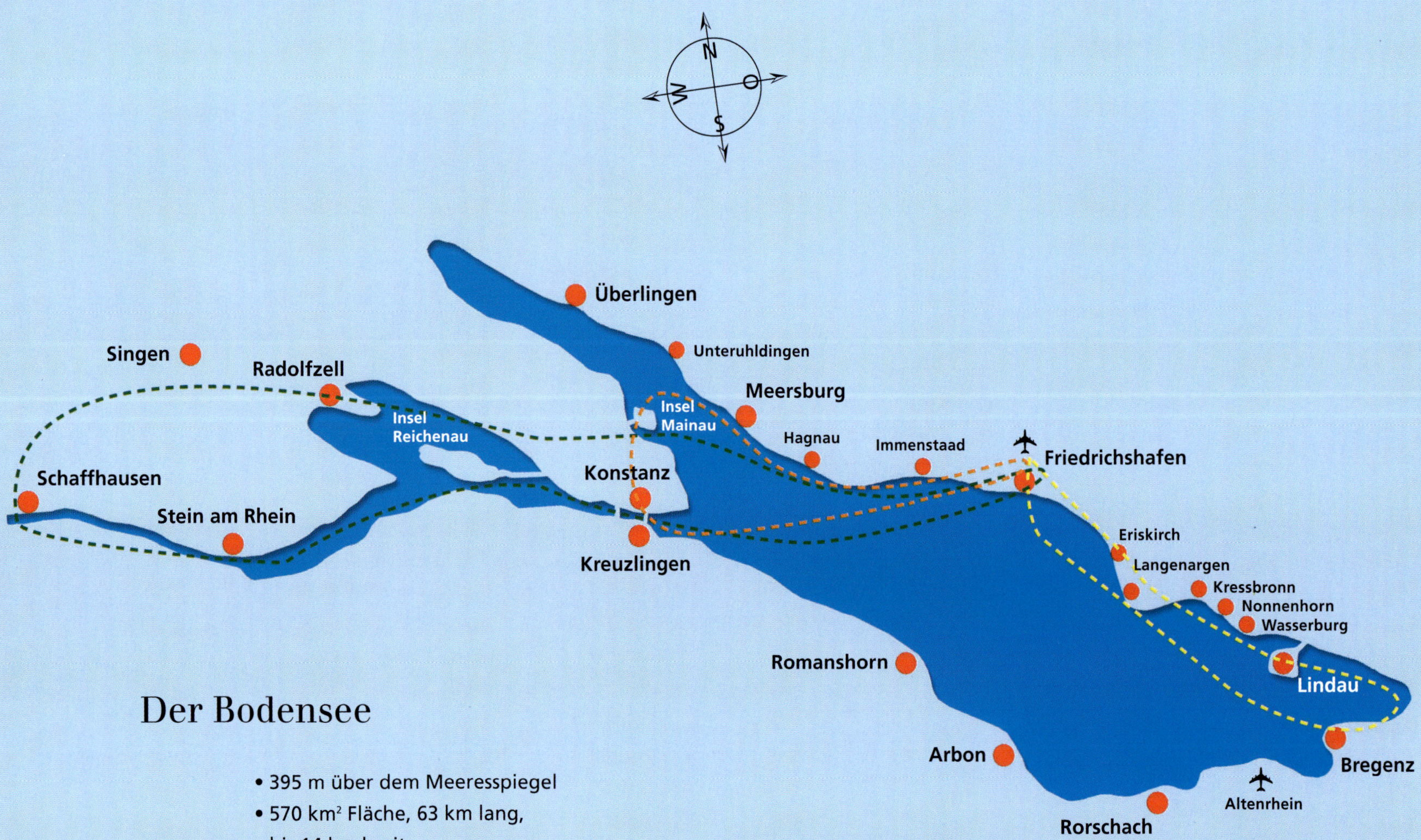

- 395 m über dem Meeresspiegel
- 570 km² Fläche, 63 km lang, bis 14 km breit
- größte Tiefe 254 m, mittlere Tiefe 96 m, Wasserinhalt 55 Mrd. m³
- größte Zuflüsse: Rhein, Bregenzer Ach, Argen, Schussen
- größte Städte: Konstanz, Friedrichshafen, Bregenz, Lindau, Überlingen

Westroute
Ostroute
Route Rheinfall/Schaffhausen

Über den Seewald nach Eriskirch

Wir haben inzwischen die Zeppelinhalle und das neue Messegelände hinter uns gelassen und kreuzen auf der Ostroute die Startbahn des Flughafens. Wir fliegen vorbei an der Rotach-Mündung, dem Schulzentrum und dem Klärwerk und weiter über den Seewald Richtung Eriskirch.

Inzwischen sind ein paar Passagiere aufgestanden und haben so Gelegenheit, vom breiten Mittelgang aus nach beiden Seiten durch die Fenster zu sehen und nach Sehenswürdigkeiten Ausschau zu halten. Besonders begehrt sind die Plätze auf einer kleinen runden Sitzbank im Heck der Kabine. Dank der Schräge der rückwärtigen Scheibe kann man von dort nicht nur zurück in Richtung Friedrichshafen sehen, sondern auch direkt senkrecht nach unten. Die Scheibe ist außerdem so gewölbt, dass man in ihr keine Spiegelungen sieht und so das Gefühl hat, im Freien zu sitzen.

Aus unserer Flughöhe von etwa 300 bis 400 Meter über dem Boden erscheinen Menschen klein wie Ameisen, und Häuser und Autos wie winziges Spielzeug.

Wir überfliegen nun Eriskirch und erkennen die gotische Marienkirche aus dem 15. Jahrhundert mit ihrem weithin sichtbaren spitzen Turm und auch die alte überdachte Holzbrücke über die von Ravensburg kommende Schussen. Am See-Ufer entlang erstreckt sich das Naturschutzgebiet Eriskircher Ried.

Eriskirch mit dem spitzen Turm der Marienkirche ist der erste Ort auf der Ostroute

Langenargen und Schloss Montfort

Weiter geht es nach Langenargen, und direkt am Ufer sehen wir auf der Halbinsel das kleine Schloss Montfort. Dort gab es ursprünglich eine Burg der Grafen von Montfort. Mit Aussterben dieses Adelshauses fielen 1787 deren Besitzungen an die Könige von Württemberg. Die Burg verfiel und ab 1861 ließ König Wilhelm I. auf dem Gelände das Schloss Montfort im damals modernen „maurisch-orientalischen" Stil erbauen, nun das Wahrzeichen von Langenargen. Heute sind auf der Terrasse des Schloss-Cafes die Sonnenschirme aufgespannt, und an den Tischen sind einige Gäste erkennbar.

Links und rechts der Argen-Mündung erkennen wir zwei große Yachthäfen. Etwas flussaufwärts, unmittelbar hinter der breiten Straßenbrücke überspannt die älteste Kabelhängebrücke Deutschlands die Argen. Sie wurde 1896 bis 1898 errichtet, und ihr Konstrukteur wirkte später bei Entwurf und Bau der Golden Gate Bridge (1933 bis 1937) in San Francisco mit. So entstand das Gerücht, die Golden Gate Bridge wäre nur ein vergrößerter Nachbau dieser unter Denkmalschutz stehenden schwäbischen Brücke.

Kurz darauf fliegen wir an Kressbronn vorbei, und am Ufer erkennen wir die 1919 gegründete Bodan-Werft, in der fast alle Bodensee-Fahrgastschiffe und Fähren gebaut wurden. Gleich hinter den Obstgärten endet das Bundesland Baden-Württemberg und wir überfliegen ab jetzt Bayern.

Die älteste Kabelhängebrücke Deutschlands überspannt die Argen

S. 18: Schloss Montfort mit Cafe-Terrasse

Links: Die beiden Yachthäfen an der Argen-Mündung

Wasserburg

Der erste Ort am bayerischen Bodenseeufer ist das Weindorf Nonnenhorn. Gleich danach folgt Wasserburg mit seiner malerischen Halbinsel. Dort stehen die Pfarrkirche St. Georg mit barockem Zwiebelturm und das alte Schloss aus dem 14. Jahrhundert.

Ursprünglich war die Halbinsel eine Insel, und eine Zugbrücke verband das Schloss mit dem Festland. Als diese Brücke im 18. Jahrhundert verfiel, ließen die Schlossbesitzer den Graben zwischen Insel und Festland zuschütten.

Heute dient das Schloss als Hotel, und die Halbinsel wurde um einen kleinen Hafen und die Schiffsanlegestelle erweitert. Wasserburg ist auch der Heimatort des Schriftstellers Horst Wolfram Geißler, dessen Roman „Der liebe Augustin" dem bayerischen Bodenseeraum ein Denkmal setzt.

Oben und links: Die malerische Halbinsel Wasserburg mit barocker Kirche St. Georg

S. 20: Die Halbinsel Wasserburg, die Insel Lindau und dahinter die Bregenzer Bucht

Lindau

Drei Kilometer östlich von Wasserburg liegt der Kurort Bad Schachen, heute ein Stadtteil von Lindau. Der Kern von Lindau ist die Insel mit der historischen Altstadt und dem Seehafen. Das bekannteste Wahrzeichen von Lindau ist die Hafeneinfahrt mit dem 33 m hohen Leuchtturm und dem gegenüber sitzenden bayerischen Löwen. Direkt unter uns fährt gerade ein Motorboot in den Hafen ein.

Die Insel ist über die Seebrücke und den Eisenbahndamm mit dem Festland verbunden. Dazwischen liegt der „kleine See", ein beliebter Schlittschuhplatz in kalten Wintern. In der Altstadt sind zahlreiche Kirchen, reich bemalte Häuser mit Staffelgiebeln und die Türme der mittelalterlichen Stadtbefestigung zu erkennen. Nicht ganz so schön ist der Westteil der Insel mit Bahnanlagen, Parkplätzen und einer Großbaustelle.

* Größte bayerische Stadt am See
* Etwa 25.000 Einwohner
* Altstadt auf der 0,68 km² großen Insel
* Bekanntestes Wahrzeichen: Hafen-Einfahrt mit Leuchtturm und bayerischem Löwen
* Historisches Altes Rathaus, zahlreiche Kirchen und Türme der mittelalterlichen Stadtbefestigung

S. 22: Am linken Bildrand die Seepromenade mit dem alten Leuchtturm und im Hintergrund die katholische Stiftskirche und die evangelische Stephanskirche

Seehafen mit Leuchtturm und Bayerischem Löwen

ZEPPELIN

Bregenz

Hinter Lindau erheben sich der Pfänder (1064 m) und die Ausläufer des Bregenzer Waldes. Der Pfänder ist der Hausberg von Bregenz, eine Kabinenseilbahn fährt in sechs Minuten von der Stadt zum Gipfel. Dort erwarten einen nicht nur eine herrliche Aussicht auf den Bodensee, sondern auch ein Alpenwildpark und eine Adlerwarte mit regelmäßigen Flugvorführungen. Auch Bregenz hat eine mittelalterliche Altstadt mit dem wuchtigen zwiebelgekrönten Martinssturm und alten Kirchen.

Am Seeufer erkennen wir die Seebühne der weltberühmten Bregenzer Festspiele mit Rängen für nahezu 7.000 Zuschauer. 2003 steht die „West Side Story" von Leonard Bernstein auf dem Programm.

- Hauptstadt des österreichischen Bundeslandes Vorarlberg
- Etwa 28.000 Einwohner
- Zur Römerzeit als „Brigantium" wichtige Hafenstadt
- Bekannt durch die Bregenzer Festspiele auf der Seebühne

Überdimensionale Kaffeehaustische mit bis zu 33 m Durchmesser riesigen Stühlen und einem hochhausgroßen Postkartenständer bildeten 2001 und 2002 die Bühne für Puccinis Oper „La Bohème"

Links: Antennenmast auf dem Pfänder

S. 24: Bregenzer Bucht und die Berge des Bregenzer Waldes

Rheinmündung

Am rechten Stadtrand von Bregenz erblicken wir das Zisterzienserkloster Mehrerau. Dann folgen die Mündung der Bregenzer Ach und die weit in den See ragende Mündung des kanalisierten „Neuen Rheins", der gewaltige Mengen Sedimente in den See trägt. Rechts davon erstreckt sich die Verlandungszone des Rheindeltas mit den Halbinseln Rohrspitz und Rheinspitz und der dahinter versteckten Mündung des „Alten Rheins".

Der Alte Rhein bildet die Grenze zur Schweiz. Gleich dahinter können wir bei guter Sicht den Flugplatz Altenrhein erkennen, in dessen damaligem Dornier-Werk die Do X gebaut wurde, das für lange Zeit größte Flugzeug der Welt. Der Erstflug war am 12. Juli 1929, zwei Monate später wurde ein Rekord mit 169 Personen an Bord aufgestellt.

Unser Luftschiff kehrt in der Bregenzer Bucht um, und wer sich auskennt kann am Schweizer Ufer die Städte Rorschach, Arbon und Romanshorn suchen und finden. Bei klarem Wetter sehen wir auch den Säntis (2502 m) mit seinem 123 m hohen Sendemast.

Zisterzienserabtei Mehrerau

S. 26: *Weit in den See ragen die Mündungen des kanalisierten „Neuen Rheins" und der „Dornbirner Ache". Links vorne das Binnenbecken und die Häfen von Hard*

Dahinschweben über dem Bodensee

Auf ähnlicher Route geht es zurück, und nach dem spannenden Suchen, Finden und Entdecken von Städten, Häfen, Flüssen und einzelnen Bauwerken haben wir nun etwas mehr Muße, das ruhige Dahinschweben des Zeppelins zu genießen. Wir verfolgen seinen Schatten, wie er über das Wasser gleitet, und wir halten Ausschau nach Passagierschiffen und Segelbooten. Aus unserer Flughöhe können wir gerade noch erkennen, ob uns jemand zuwinkt. Wer dazu Lust hat, kann auch die winzig aussehenden Menschen in einem der Schwimmbäder zählen oder die Kühe auf einer Weide.

Durch seinen ruhigen Flug und die Möglichkeit, sich langsam und mit wenig Geräusch zu bewegen oder sogar stundenlang über dem gleichen Punkt in der Luft zu stehen, ist der Zeppelin NT auch für zahlreiche andere Zwecke hervorragend einsetzbar. So können z.B. Kamerateams der Fernsehanstalten Sportveranstaltungen wie Radrennen oder Hochsee-Segelregatten aus der Luft verfolgen und gestochen scharfe Bilder senden.

Bei anderen Projekten ist z.B. geplant, aus dem Zeppelin im Kosovo Minenfelder zu suchen. Und bei den Olympischen Spielen 2004 in Athen soll ein Zeppelin NT zusätzlich zu anderen Verkehrsmanagementsystemen den Straßenverkehr aus der Luft beobachten und mit dazu beitragen, dass zumindest die Sportler, Funktionäre, Journalisten und VIPs die Wettkampfstätten pünktlich erreichen. Und bei Überlastung oder Ausfall der Feststationen der Mobilfunknetze soll der Zeppelin diesem Personenkreis auch noch das Telefonieren ermöglichen.

Für solche Sonderaufgaben und für die 40- bis 50-stündige Ausbildung neuer Piloten wird vorzugsweise das Luftschiff „Friedrichshafen" eingesetzt.

Der Schatten unseres Zeppelins gleitet über Badegäste am Seeufer neben der Argen-Mündung

S. 28: Ein Blick zurück auf Lindau und die Bregenzer Bucht

Zurück nach Friedrichshafen

Kurze Zeit später nähern wir uns der Stadt Friedrichshafen vom See her. Unser Zeppelin fliegt direkt auf die Altstadt zu, so dass uns die gesamte Uferpromenade zu Füßen liegt. Jetzt gibt es wieder vieles zu entdecken. Eine Fähre nach Romanshorn verlässt gerade den Hafen und fährt dabei am großen weißen Gebäude des ehemaligen Hafenbahnhofs vorbei, heute Sitz des weltberühmten Zeppelin-Museums „Technik und Kunst". Wir folgen der Uferpromenade und sehen den Gondelhafen und den Yachthafen und das harmonisch in die Uferlandschaft integrierte Graf-Zeppelin-Haus, das Kulturzentrum von Friedrichshafen.

Dann überfliegen wir am Westrand der Altstadt fast die Schlosskirche mit ihren zwei barocken, 55 m hohen Zwiebeltürmen. Sie ist verbunden mit dem Schloss, das von 1828 bis 1918 der Sommersitz der württembergischen Könige war und heute Wohnsitz des Herzogs von Württemberg ist. Die Schlosskirche wurde von 1695 bis 1701 von Christian Thumb erbaut und gilt als eine der schönsten Barockkirchen Oberschwabens.

- ✶ Größte Industriestadt am Bodensee mit Messe, Flughafen, Zeppelin-Museum, Graf-Zeppelin-Haus
- ✶ Etwa 55.000 Einwohner
- ✶ Erst 1811 durch Zusammenlegung der vormals freien Reichsstadt Buchhorn und des ehemaligen Klosters Hofen entstanden
- ✶ Bekanntestes Wahrzeichen: Die Türme der Schlosskirche

Schloss und Schlosskirche

S. 30: Altstadt und Uferpromenade von Friedrichshafen mit dem Gondelhafen im Vordergrund, dahinter die St. Nikolaus-Kirche und rechts der Schiffs- und Fährehafen mit dem weißen Gebäude des Zeppelin-Museums

Sektempfang nach der Landung

Vom See her schwenken wir nun wieder in Richtung Land, sehen Schnetzenhausen mit dem Kreisverkehr in der Ortsmitte, überfliegen das Wellenbad in Ailingen und erblicken schon das neue Messegelände, die Zeppelinhalle und den Flughafen. Und natürlich auch das im Vergleich dazu winzig erscheinende Abfertigungszelt, wo wir nach unserem Flug mit einem Glas Sekt empfangen werden. Und mir geht es ähnlich wie Hermann Hesse vor 90 Jahren:

Die Rückkunft erscheint mir viel zu früh „und ich weiß gewiss: sobald ich wieder Gelegenheit finden werde zu fliegen, werde ich es mit tausend Freuden tun“.

Ein Blick in den Eingangsbereich des Zeppelin-Museums mit einem „Maybach-Zeppelin“ unter der 33 Meter langen originalgetreuen Rekonstruktion eines Teils der LZ 129 Hindenburg“

Kreisverkehr in Schnetzenhausen

S. 32: Vor dem harmonisch in die Uferlandschaft integrierten Graf-Zeppelin-Haus steht ein Denkmal des „Grafen“. Rechts daneben der Yachthafen, und dahinter gruppieren sich um den Bahnhofsplatz die Post, der Stadtbahnhof und das Seehotel mit der Tourist-Information im Erdgeschoss

Auf historischen Spuren nach Immenstaad

Hermann Hesse ist nach seiner Zeppelinfahrt 1911 nur noch zweimal geflogen: 1913 in einem sehr zerbrechlich wirkenden offenen Eindecker mit dem Schweizer Flugpionier Oskar Bieder über Bern und 1928 mit einer Junkers G 31 der Lufthansa von Berlin nach Stuttgart. Wir dagegen können gleich zu einem weiteren Zeppelinflug starten, diesmal über den Westteil des Bodensees.

Bei Manzell erreichen wir den See. Direkt am Ufer ist das gelbe Hauptgebäude der MTU mit dem blauen Mercedesstern auf dem Dach deutlich erkennbar. Das dortige Gelände stellte der König von Württemberg dem Grafen Zeppelin für die Entwicklung und den Bau der ersten Zeppeline zur Verfügung. Am 2. Juli 1900 wurde in der Bucht von Manzell das erste lenkbare Luftschiff LZ 1 aus seiner schwimmenden Halle gezogen. Nur 18 Minuten dauerte die abendliche Fahrt des 128 m langen Zeppelins bis Immenstaad, wo er beim Wassern beschädigt wurde.

Auch wir fliegen mit unserem nur 75 m langen Zeppelin in ungefähr 400 m Höhe über die Fischbacher Bucht nach Immenstaad, dem ersten badischen Ort auf unserer Strecke. Er beginnt mit dem Dornier-Werksgelände und seiner Mole mit zwei vorgelagerten Vogelinseln, die das Bojenfeld mit hundert Segelbooten vor westlichen Stürmen schützen.

Gleich danach sehen wir einen kleinen Yachthafen und dahinter das Schloss Helmsdorf, heute eine Brauerei-Gaststätte mit Campingplatz. Der nächste Yachthafen liegt an der Schiffslandestelle und ein dritter hinter dem Immenstaader Schwimmbad am Kippenhorn unterhalb des ehemals markgräflich-badischen Schlosses Kirchberg.

Der Zeppelin NT am Seeufer zwischen Immenstaad und Hagnau

S. 34: Immenstaad mit Schiffslandestelle und Yachthafen. Im Hintergrund rechts Schloss Helmsdorf mit einem weiteren Yachthafen und dahinter das Dornier-Werksgelände

Links: An der Schiffslandestelle liegt die Lädine „St. Jodok“, ein 17 Meter langer Nachbau der Lastsegelschiffe, die vom Mittelalter bis in die zwanziger Jahre des vorigen Jahrhunderts Menschen und Waren auf dem Bodensee beförderten

Meersburg

Im Westen von Immenstaad beginnt die badische Weinbauregion „Bodensee". Der nächste Ort ist Hagnau mit der ältesten Winzereigenossenschaft Badens. Vorbei an der Haltnau mit kleinem Hafen nähern wir uns Meersburg mit Thermal- und Freibad, Hafen und malerischen Fachwerkhäusern in der Unterstadt. Ein Schiff hat gerade den Hafen verlassen, ein anderes legt gleich ab.

Das älteste Gebäude in der Oberstadt ist die Burg oder das „Alte Schloss". Seit 1268 war die Burg Sommerwohnsitz der Fürstbischöfe von Konstanz und ab 1526 ihr ständiger Sitz, nachdem sie aufgrund der Reformation in Konstanz nicht mehr geduldet wurden. 1712 wurde mit dem Bau des „Neuen Schlosses" begonnen, das dann ab 1750 den Bischöfen als neue Residenz diente.

Vom Garten davor hat man einen schönen Ausblick auf die Unterstadt und den Bodensee. Daneben stehen das gelbe Gebäude des Domänenamts (Staatsweingut) und das rote Seminargebäude, heute das Droste-Hülshoff Gymnasium.

Hotel zum Bären und das Obertor

S. 36: Über der Unterstadt erhebt sich die Oberstadt mit der alten Burg und direkt daneben das Neue Schloss (hier nur von der Seite zu sehen). Schloss-ähnliche Gebäude oberhalb des Weinbergs sind das Domänenamt und das Gymnasium

Links: Idyllische Ecke mit Fachwerk und Brunnen

Die alte Burg

Der Bau der alten Burg wurde angeblich bereits 628 vom Merowingerkönig Dagobert I. begonnen, nach dem auch der massige Mittelt, urm benannt ist. Die nachfolgenden Karolinger bauten die Burg weiter aus und nutzten sie als Königs- und Kaiserpfalz. Die Burg wurde nie von Feinden erobert und gelangte 1268 in den Besitz der Fürstbischöfe von Konstanz.

1838 erwarb der Schwager der Annette von Droste-Hülshoff die Burg, und hier lebte die Dichterin von 1841 bis 1848. Die Burg wird auch heute noch von ihren privaten Besitzern bewohnt, der größte Teil ist jedoch ein Museum mit mehr als dreißig eingerichteten Räumen, Burgkapelle, Rittersaal, Küche, Verlies und Wehrgängen sowie den Wohnräumen und dem Sterbezimmer der Annette von Droste-Hülshoff. Einer der Barocksäle beherbergt heute ein Café mit Aussichtsterrasse, die einen der schönsten Blicke auf die Unterstadt und den See bietet.

Blick vom Garten des neuen Schlosses zur alten Burg

S. 38: Die nie eroberte alte Burg mit dem mächtigen Dagoberts-Turm

Links: In der Waffenhalle der alten Burg

ZEPPELIN NT

Der Überlinger See

Am westlichen Ende von Meersburg liegt der Fährehafen, dessen Fähren seit 1928 in dichter Folge als „schwimmende Brücke" Meersburg und Konstanz verbinden. Hier beginnt der schmalere Überlinger See, auf dessen rechter Seite wir etwas versteckt hinter dem Hafen von Unteruhldingen die Pfahlbauten erkennen können. Das Pfahlbaumuseum umfasst Rekonstruktionen von Siedlungen aus der Jungsteinzeit vor etwa 5.500 Jahren und der Bronzezeit vor etwa 3.000 Jahren. Im Sommer 2002 wurde das Museum durch ein drittes Dorf mit Häusern der Spätbronzezeit ergänzt, die von täuschend echt wirkenden lebensgroßen Figuren „bewohnt" sind.

Etwas dahinter liegt umgeben von Weinbergen die barocke Wallfahrtskirche Birnau, eines der Wahrzeichen des westlichen Bodensees. Und noch weiter hinten kann man die ehemals freie Reichsstadt Überlingen erkennen, nach der dieser Teil des Sees benannt ist.

Die barocke Wallfahrtskirche Birnau ist eines der Wahrzeichen des westlichen Bodensees

S. 40: Der Zeppelin über dem Lorettowald. Im Vordergrund die Bodenseetherme Konstanz und das Stadion, im Hintergrund der Überlinger See und die Insel Mainau

Links: Pfahlbauten des Freilichtmuseums in Unteruhldingen

Mainau

Wir kreuzen nun den Überlinger See und erreichen die Blumeninsel Mainau mit dem vom Deutschen Ritterorden um 1740 erbauten Barockschloss mit Kirche und den Parkanlagen, die jährlich ungefähr zwei Millionen Besucher anziehen. Eine der Attraktionen sind die Palmen, Bananenstauden und Apfelsinenbäume im riesigen „Palmenhaus" direkt neben dem Schloss. Die Mainau bietet Blumen zu jeder Jahreszeit, und nicht nur Tulpen, Rosen und Dahlien. Selbst im Winter können in den Gewächshäusern mehrere tausend Orchideenarten bewundert werden, und seit 1996 kann man auch Deutschlands größtes Schmetterlingshaus besuchen.

Schloss und Palmenhaus

S. 42: Die Blumeninsel Mainau mit herbstlich gefärbten Bäumen und Nebel über dem See

Schifffahrt auf dem Bodensee

Wir folgen dem südlichen Bodenseeufer und erkennen den modernen Gebäudekomplex der Universität und den Fährehafen in Staad. Die Bodensee-Fähren verbinden Konstanz und Meersburg zu jeder Tages- und Nachtzeit. Nachts verkehren sie allerdings nur im Stundentakt, tagsüber bei hohem Verkehrsaufkommen etwa alle 10 Minuten. Aus der Luft hat man einen guten Überblick, wie viele Fähren gerade auf dem See unterwegs sind und wie viele in den beiden Häfen liegen.

Eine weitere Autofähre überbrückt den Bodensee fast genau an seiner breitesten Stelle zwischen Friedrichshafen und Romanshorn. Sie fährt im Stundentakt, allerdings nur tagsüber. Und dann gibt es noch die 32 Fahrgastschiffe der „Weißen Flotte". Unter diesem Namen fahren die Kursschiffe der österreichischen, schweizerischen und deutschen Schiffsbetriebe über vierzig Bodensee-Orte und Ausflugsziele an, das größte Schiff mit bis zu 1.200 Fahrgästen.

Fährehäfen in Konstanz-Staad und Meersburg

Links oben: Die Schiffs-anlegestelle in Immenstaad

Links: Die Hohentwiel ist der einzige auf dem Boden-see erhaltene Raddampfer

S. 44: Blick über den Über-linger See auf die Insel Mainau und den Konstanzer Stadtteil Litzelstetten

„Konstanzer Trichter“ und Untersee

Vorbei am Stadion und Freibad am Horn fliegen wir in den sogenannten Konstanzer Trichter. Hier geht der Bodensee (Obersee) hinter der ersten Rheinbrücke in den See-Rhein über, um sich nach wenigen Kilometern wieder zum Untersee zu verbreitern. Im Untersee erblicken wir die Insel Reichenau. Sie ist bekannt durch ihre drei romanischen Kirchen und die zahlreichen in der Sonne blinkenden Gewächshäuser für Qualitätsgemüse. Die UNESCO hat im November 2000 die Insel Reichenau in die Liste des Weltkulturerbes aufgenommen.

Die Pappel-Allee auf die Insel führt über einen zwei Kilometer langen Damm vorbei an einer Statue des Bischofs Pirmin, der im Jahre 724 das erste Kloster gründete. Spätere Äbte waren gleichzeitig Kanzler, Berater und Prinzenerzieher bei Kaiser Karl dem Großen und seinen Nachfolgern.

Die älteste Kirche steht im ersten Ort Oberzell, es ist die dreischiffige Kirche St. Georg aus der Zeit um das Jahr 900. Sie ist berühmt für ihre Wandmalereien aus dem 10. Jahrhundert.

Bischof Pirmin und die St. Georgs-Kirche

Uferlandschaft auf der Insel Reichenau

S. 46: In Konstanz mündet der Obersee in den See-Rhein. Im Vordergrund links das Münster und rechts der Stadtgarten und das Inselhotel

Konstanz

Mehrere Brücken verbinden die Konstanzer Stadtteile rechts und links des See-Rheins. Wir sehen den Stadtgarten und den Hafen und davor die Altstadt mit dem Münster und weiteren Kirchen. Das Münster wurde ab 1052 als romanische Bischofskirche erbaut, aber später durch gotische und barocke Erweiterungen mehrfach verändert. Der 76 m hohe Turm überragt die Häuser der Konstanzer Altstadt.

Das große Gebäude gleich am Hafen ist das sogenannte Konzilgebäude. In diesem Kauf- und Lagerhaus wurde im November 1417 Papst Martin V. gewählt. An der Hafeneinfahrt dreht sich seit 1992 die 10 m hohe Figur der spärlich bekleideten Imperia. Mit Kaiser Sigismund und Papst Martin V. auf ihren Händen symbolisiert sie die Macht der Kurtisanen während des Konzils.

- ✶ Größte Stadt am Bodensee
- ✶ Im Mittelalter freie Reichsstadt und Schauplatz des Konzils 1414–1418
- ✶ Etwa 80.000 Einwohner
- ✶ Seit 1966 Universitätsstadt mit über 10.000 Studenten
- ✶ Stadttheater, Philharmonie und mehrere Museen
- ✶ Bekannteste Wahrzeichen: Konstanzer Münster und das Konzilgebäude

An der Hafeneinfahrt grüßt die Imperia

Rheintorturm und Konzilgebäude

S. 48: Blick über die Altstadt von Konstanz auf das Schweizer Seeufer. Im Vordergrund Gebäude der Fachhochschule

ZEPPELIN NT

Das Schweizer Ufer

Abendstimmung bei der Rückkehr

Kaum sichtbar ist die Grenze zwischen Konstanz und der benachbarten Schweizer Stadt Kreuzlingen. Am Schweizer Ufer folgen die Orte Münsterlingen, Kesswil und Uttwil und schließlich auf einer Landzunge Romanshorn, erkennbar am hellen Turm der alten Kirche. Dahinter nicht sichtbar liegt der größte Bodenseehafen der Schweiz.

Bei guter Fernsicht erkennen wir landeinwärts in etwa 10 km Entfernung vom See St. Gallen und dahinter den Säntis (2502 m) mit der Bergstation der Seilbahn und dem 123 m hohen Sendeturm auf dem Gipfel. Vom Schweizer Ufer geht es über den See zurück wieder in Richtung Immenstaad. Nun bleibt uns noch etwas Zeit, die vielen Eindrücke zu verarbeiten und das gemächliche Dahingleiten des Zeppelin NT zu genießen. Doch schon bald erreichen wir das nördliche Bodensee-Ufer und haben erneut einen schönen Blick auf Friedrichshafen.

S. 50: Der Zeppelin NT vor dem Gipfel des Säntis

Unser Luftschiff fliegt an der Uferpromenade entlang, ändert seine Richtung dann nach Nordosten, und hinter dem Industriegebiet kommen schon wieder das neue Messegelände, der Flughafen und die Zeppelinhalle in Sicht. Winzig klein erscheint uns daneben das Abfertigungszelt, und noch kleiner wirken die Mitglieder der Boden-Crew und die Passagiere des nächsten Flugs, die auf der Wiese auf unsere Ankunft warten.

Wir müssen (oder dürfen) noch eine weitere Runde über dem Messegelände drehen, bis der Tower des benachbarten Flughafens die Landegenehmigung erteilt. Wir schnallen uns wieder an, und wie in einem Fahrstuhl geht es langsam abwärts, bis der Zeppelin sanft auf der Wiese aufsetzt. Die Tür wird geöffnet und die Treppe wird eingehängt. Zwei neue Passagiere steigen ein und gehen an uns vorbei nach vorne, zwei von uns steigen aus usw., bis wir zum Zelt zurückfahren und dort mit einem Glas Sekt auf den Abschluss dieser erlebnisreichen Stunde anstoßen, die leider viel zu schnell vorbeiging.

Ein Ausflug nach Berlin mit dem Zeppelin NT

Im Mai 2002 war das Luftschiff „Bodensee" für ein paar Wochen in Berlin. So konnten die Berliner erstmals seit über 60 Jahren wieder einen Zeppelin über der Hauptstadt sehen und natürlich auch selbst mitfliegen. Bei den Rundflügen geht es vom historischen Flughafen Tempelhof über den Stadtteil Kreuzberg in Richtung Alexanderplatz. Vor uns fast in gleicher Höhe sehen wir den 365 m hohen Fernsehturm und zu seinen Füßen das „Rote Rathaus" und das Nikolai-Viertel. Vorbei am ehemaligen Palast der Republik, dem Berliner Dom und der Museumsinsel geht es entlang der Prachtstraße „Unter den Linden" in Richtung Brandenburger Tor. Aus der Luft viel eindrucksvoller sind nördlich davon das Reichstagsgebäude und die gewaltigen Neubauten des Bundeskanzleramtes und der Abgeordnetenbüros.

Wir fliegen vorbei an den imposanten Hochhäusern des Potsdamer Platzes und den Tiergarten entlang. Wir sehen von weitem die Siegessäule und das Schloss Charlottenburg und überfliegen das Messegelände mit Funkturm und ICC. Kurz vor dem Olympiastadion kehren wir um Richtung Kurfürstendamm, Kaiser-Wilhelm-Gedächtniskirche und Europa Center. Und nach viel zu kurzer Zeit sind wir wieder zurück am Flughafen Berlin-Tempelhof.

Fernsehturm am „Alex", links daneben das „Rote Rathaus" und die St.-Marien-Kirche

S. 52: Berliner Dom und Museumsinsel am Spree-Ufer

Links unten: Reichstagsgebäude und Neubauten des Deutschen Bundestags

Unten: Sony-Center am Potsdamer Platz

Ausflüge zum Rheinfall und nach Stuttgart

Weitere Ausflüge führen seit 2002 zum Beispiel von Friedrichshafen aus zum Rheinfall in Schaffhausen. Außerdem war der Zeppelin NT im Jahr 2002 mehrfach für jeweils eine Woche am Rande der Landesgartenschau Baden-Württemberg in Ostfildern stationiert. Dort im Südosten von Stuttgart startet man zu einem Rundflug um die Landeshauptstadt.

Wir fliegen vorbei an Esslingen mit mittelalterlichen Türmen und Stadttoren und dann den Neckar entlang über das Industriegebiet von Untertürkheim und das Sportzentrum Cannstatter Wasen mit dem Gottlieb-Daimler-

Rheinfall in Schaffhausen

Stadion. Nördlich von der Stuttgarter Innenstadt geht es über den botanisch-zoologischen Garten Wilhelma und den Höhenpark Killesberg Richtung Schloss Solitude. Von dort fliegen wir südlich an der Innenstadt vorbei über das Universitätsgelände in Vaihingen, die Daimler-Chrysler-Zentrale und das SI-Centrum in Möhringen, und in respektvollem Abstand zum Stuttgarter Fernsehturm zurück zum Startplatz neben der Landesgartenschau.

Der Zeppelin NT im Sommer 2002 über der Landesgartenschau Baden-Württemberg

Das neue Schloss Stuttgart, ein U-förmiger Spätbarockbau, mit Schlossplatz und Jubiläumssäule. Links unten das Kunstgebäude am Rande des Oberen Schloss-Gartens, rechts oben der Karlsplatz und das Alte Schloss aus dem 16. Jahrhundert

Graf Zeppelin – Leben und Werk
Ein historischer Rückblick

Manfred A. Sauter

Ferdinand Graf von Zeppelin, 1838 Konstanz – 1917 Berlin

1838 Ferdinand Graf von Zeppelin wurde am 8. Juli in Konstanz am Bodensee geboren. Dort und auf dem nahen Landgut Girsberg / Schweiz verbrachte er seine Jugend und genoss seine schulische Ausbildung. Weitere Etappen waren die Oberrealschule Stuttgart und die Kriegsschule in Ludwigsburg.

1863 Der junge Oberleutnant lässt sich beurlauben und nimmt als Beobachter am Nordamerikanischen Sezessionskrieg teil. Bei St. Paul in Kanada macht Graf Zeppelin seinen ersten Aufstieg mit einem Fesselballon.

1890 Nach einer bemerkenswerten Laufbahn scheidet Graf Zeppelin als Generalleutnant im Range eines Generals à la Suite des Königs von Württemberg aus dem Militärdienst aus und widmet sich voll und ganz der Idee seines lenkbaren Luftschiffes. Zur ingenieurmäßigen Ausarbeitung gewinnt er den Ingenieur Theodor Kober.

1895 Dem Grafen Ferdinand von Zeppelin wird unter der Nummer 98580 das Patent für ein „Lenkbares Luftfahrzug mit mehreren hintereinander angeordneten Tragkörpern" erteilt. Merkmale, resultierend aus diesem

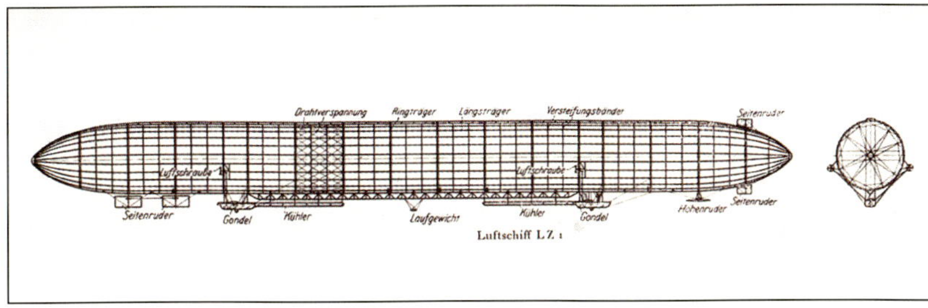

Schema des ersten Zeppelinschen Luftschiffes LZ 1. Erster Aufstieg am Abend des 2. Juli 1900.

Der Zeppelin-Führerschein des Grafen. Hier ist der absonderliche Fall eingetreten, dass der Schöpfer des Werkes, 11 Jahre nach seiner ersten Fahrt zu dessen Lenkung ermächtigt werden musste.

Patent, wie z.B. „Starres Gerippe", sind durchgängig vom ersten Zeppelin Luftschiff LZ 1 bis zum heutigen Luftschiff neuer Technologie.

1900 Am Abend des 2. Juli startet LZ 1, das erste Zeppelinsche Luftschiff in der Bucht von Friedrichshafen-Manzell vom Bodensee aus. Das Luftschiff war bereits 128 Meter lang und bewegte sich unter Führung des Grafen mit weiteren vier Personen rund zwanzig Minuten am Himmel über dem Bodensee.

1908 LZ 4 – das vierte Zeppelin Luftschiff – hat bereits eine zwölfstündige Fahrt über der Schweiz hinter sich. Am 4. August ist unter Führung des nun siebzigjährigen Grafen eine 24-Stunden-Fahrt vorgesehen. Nach einer Fahrt von Friedrichshafen über Basel, Straßburg, Mainz, musste zur Behebung eines Motorschadens unweit von Stuttgart-Echterdingen zum zweiten Mal gelandet werden. Das Luftschiff wurde auf freiem Feld fest gemacht. Ein plötzlich aufkommender Sturm hat dieses aus der Verankerung losgeris-

sen, das Luftschiff ist am Boden verbrannt. Ein bedauerliches Unglück, welches mit dem neuen Zeppelin NT in Verbindung mit Ankermast und unbrennbarem Helium als Traggas ausgeschlossen ist.
Nach Meinung vieler wurde das Unglück des LZ 4 am 5. August 1908 als „Aus" der Zeppelin-Luftschifffahrt gewertet. Dem war nicht so; eine spontan aufkommende Spendenbereitschaft von Bürgern, Institutionen, Firmen und Adel aus dem In- und Ausland erbrachte in kürzester Zeit rund 6,3 Millionen Mark zugunsten der Zeppelinschen Luftschifffahrt. Die Weiterführung des vor acht Jahren Begonnenen war damit gesichert.
Bereits am 8. September 1908 wurde durch Graf Ferdinand von Zeppelin die noch heute bestehende Luftschiffbau Zeppelin GmbH gegründet. Geschäftsführer dieser Gesellschaft wurde Kommerzienrat Alfred Colsman.

1909 Gründung der Tochterfirma „Deutsche Luftschifffahrts Aktien Gesellschaft" – DELAG – als weltweit erste Luftverkehrsgesellschaft überhaupt. Gründung der Tochterfirma „Luftfahrzeug Motorenbau GmbH" als Vorgängerin des Konzernbetriebes Maybach Motorenbau GmbH der heutigen MTU. Neben der Fertigung von Luftschiff- und Flugzeugmotoren in den dreißiger Jahren bekannt durch die Herstelllung von Luxusautomobilen, z.B. den Typ Maybach-Zeppelin mit einem 200 PS Zwölfzylinder V-Motor und halbautomatischem Achtgang-Vorwahlgetriebe.

1910 Einstellung des Ingenieurs Claudius Dornier, der schon nach kurzer Zeit innerhalb des LZ-Konzerns seinen Betriebsbereich „DO" ausbauen konnte und mit diesem Geschäftszweig bis 1932 zum Konzern der Luftschiffbau Zeppelin GmbH gehörte. Seine bekannteste Schöpfung dieser Ära war zweifellos die DO X, ein zwölfmotoriges Wasserflugzeug, welches bereits im Jahr 1929 bei einem Testflug über dem Bodensee 169 Personen an Bord hatte.

1915 Gründung der Zahnradfabrik Friedrichshafen AG. Gegenstand des Unternehmens laut Handelsregistereintragung u.a. „Herstellung von Zahnrädern und Getrieben für Luftfahrzeuge". Heute als Spezialist für Antriebs- und Fahrwerkstechnik einer der größten Hersteller von Getrieben und einer der größten Automobilzulieferer der Welt mit über 9 Milliarden Euro Umsatz bei 53.700 Mitarbeitern (Stand 2002).
Wie die LZ GmbH ist auch die ZF AG maßgebender Gesellschafter der Zeppelin Luftschifftechnik GmbH. Weitere Tochterfirmen der LZ GmbH sind nach 1945 mit der Zeppelin Baumaschinen GmbH und der Zeppelin Silo- und Apparatetechnik GmbH entstanden. 93% des Umsatzes von 1,3 Milliarden Euro im Jahre 2002 erwirtschaftete davon der Zeppelin Baumaschinenbereich. Der Zeppelin Konzern ist heute in Deutschland und Europa die führende Vertriebs- und Serviceorganisation der Baumaschinenbranche und Exklusivpartner von Caterpillar Inc., Peoria (IL), dem weltmarktführenden Hersteller von Baumaschinen und Motoren.

1917 Schon im Vorfeld des Ersten Weltkrieges wurden Kriegsluftschiffe gebaut. Nach anfänglichen Erfolgen jedoch waren die Verluste an Menschen und Material außerordentlich hoch. Laufende Ersatzbeschaffung durch Luftschiffneubauten waren angezeigt. Einziger Vorteil dieser kriegsbedingten Entwicklung war der damit verbundene Fortschritt hinsichtlich technischer Ausführung, Zuverlässigkeit und Betrieb von Luftschiffen. Die erforderlichen Fahrzeiten und Distan-

LZ 120 „Bodensee" im Jahre 1919. Mit 120,8 Metern Länge das kürzeste der zwischen 1900 und 1938 gebauten 119 Zeppelin Luftschiffe.

zen künftiger Großluftschiffe im Transatlantikverkehr waren bereits möglich. Diese Weiterentwicklung konnte Graf Ferdinand von Zeppelin nicht mehr erleben, er verstarb am 8. März 1917 in Berlin. Das Vermächtnis des Grafen wird fortgeführt durch seine bewährten Mitarbeiter Kommerzienrat Alfred Colsman, Chefkonstrukteur Dr. Ing. e.h. Ludwig Dürr und Dr. Hugo Eckener.

1919 Mit dem nur 120 Meter langen Nachkriegs-Luftschiff LZ 120 „Bodensee" wird ein regelmäßiger Passagier-, Post- und Frachtdienst zwischen Friedrichshafen und Berlin aufgenommen. Nach nur 100 Fahrten mussten diese auf Beschluss der Alliierten eingestellt werden.
Gemäß einer weiterführenden Anordnung war LZ 120 im Jahre 1921 als Reparationsleistung nach Italien und sein Schwesterschiff LZ 121 nach Frankreich abzuliefern.

1924 Überführung des für die USA bei der Luftschiffbau Zeppelin GmbH Friedrichshafen gefertigten Reparationsluftschiffes LZ 126. Diese aufsehenerregende Aktion der ersten Atlantiküberquerung eines Zeppelin Luftschif-

fes und dessen Übergabe in Lakehurst an die USA war von großer politischer Bedeutung. Unsere Luftschiffbesatzung, an ihrer Spitze Dr. Hugo Eckener, wurde in Amerika wie Helden gefeiert. Deutschland war wieder wer.
Unter der Bezeichnung ZR III „Los Angeles" war LZ 126 in den USA bis zum Jahr 1936 in Betrieb.

1928 Das „Glückhafte Schiff" LZ 127 „Graf Zeppelin", auf der Werft in Friedrichshafen gebaut, wird von der Tochter des Grafen, Hella von Brandenstein-Zeppelin, getauft und unter dem Kommando von Dr. Hugo Eckener in Betrieb genommen.
Die technischen Daten: das Luftschiff ist 236 m lang, hat einen Durchmesser von 30,5 m und wird vorgetrieben von fünf Maybach Motoren à 530 PS.
Als erstes großes Ereignis wurde die USA besucht.

1929 LZ 127 fährt in vier Etappen um die Welt. Mit Start am 15. August in Friedrichshafen wurde nach einer non-stop-Fahrt von 101 Stunden, über Russland und Asien, Kasumigaura bei Tokio erreicht. Die nächste Etappe über den Pazifik mit Ziel Los Angeles dauerte 79 Stunden und die über den amerikanischen Kontinent nach Lakehurst 52 Stunden. Nach weiteren rund 67 Stunden Fahrt wurde wieder am Ankermast in Friedrichshafen festgemacht.

1931 LZ 127 macht eine Forschungsfahrt in die Arktis, fährt als Kontrastprogramm nach Ägypten und beginnt mit fahrplanmäßigen Passagier- und Postfahrten nach Recife und Rio de Janeiro in Südamerika, welche sehr beliebt und bis ins Jahr 1937 laufend ausgebucht sind.

1935 Am 22. März wurde in Frankfurt/Main die Deutsche Zeppelin Reederei GmbH – DZR – gegründet. Der Fahrbetrieb von LZ 127 und ab 1936 auch von LZ 129 wurde vom LZ auf das Tochterunternehmen DZR übertragen.
Gleichzeitig erfolgt der Ausbau des neuen Flug- und Luftschiffhafens Frankfurt/Main als Basis für Transatlantikflüge mit Zeppelin-Luftschiffen.

1936 Inbetriebnahme des mit 200.000 Kubikmetern Inhalt bis zum heutigen Tage größten gebauten Zeppelin-Luftschiffs.
LZ 129 „Hindenburg" war bei einem Durchmesser von 41,2 Metern, 245 Metern Länge und angetrieben von vier Daimler Benz Dieselmotoren à 1200 PS für den Nord- und Südamerikadienst vorgesehen. Innenliegende Passagierräume modernster Ausstattung garantierten den 55 Passagieren, ab 1937 für 72 Passagiere ein bequemes Reisen mit jeglichem Komfort.

1937 LZ 129 „Hindenburg" hat seit Inbetriebnahme am 4. März 1936 bis zum 6. Mai 1937 bei 63 Fahrten rund 337.000 Kilometer unfallfrei zurückgelegt. Bis zu der verhängnisvollen Landung nach der ersten Nordamerikafahrt 1937 am 6. Mai in Lakehurst. Noch nicht am Boden hat das Luftschiff, aus Gründen, welche bis heute nur vermutet werden können, im Heckbereich Feuer gefangen und ist in kurzer Zeit explosionsartig verbrannt. Dieses erste Unglück der zivilen Zeppelin-Luftschifffahrt mit Personenschaden bedeutete zugleich das Aus der kommerziellen Personenbeförderung von mit Wasserstoffgas getragenen Luftschiffen. Ein Unglück gleicher Art wie mit dem Luftschiff „Hindenburg", bei welchem von 96 Passagieren und Besatzungsmitgliedern 35 Personen den Tod fanden, ist mit dem Luftschiff neuer Technologie ausgeschlossen. Helium als Traggas ist unbrennbar. Resultierend aus dem „Hindenburg"-

LZ 127 „Graf Zeppelin" über dem Werftgelände in Friedrichshafen.
Das Luftschiff, welches 1929 die Erde umrundet und bei 590 unfallfreien Fahrten nahezu 1.700000 Kilometer zurückgelegt hat.

LZ 130 „Graf Zeppelin“ am Ankermast vor der Fahrhalle in Friedrichshafen-Löwental – unweit der jetzigen Bau- und Fahrhalle des Zeppelin NT.

Unglück musste auch LZ 127 nach 590 glücklichen Fahrten und 1.700.000 zurückgelegten Kilometern aus dem Verkehr gezogen werden.

1938 LZ 130, das im Bau befindliche Schwesterschiff von LZ 129, geht in Betrieb. Das Luftschiff wird wie LZ 127 auf den Namen „Graf Zeppelin“ getauft. Gestattet sind nur Fahrten ohne Passagierbeförderung.

1939 nach nur 30 Fahrten wird LZ 130 am 20. August stillgelegt. Es war die letzte Fahrt eines Zeppelinschen Großluftschiffes überhaupt.

1940 Flug- und Luftschiffhafen Frankfurt/Main: Einer Anordnung des Reichsluftfahrtministeriums zufolge wurde LZ 130 sowie das Luftschiff LZ 127 abgewrackt. Die Gerippe wurden zur Einschmelzung zerschlagen.
Die beiden Fahrhallen in den Abmessungen 250 x 52 x 51 Meter Höhe wurden ebenfalls auf Anordnung des RLM gesprengt. Durch unsinnige Anordnungen des NS-Regimes wurde ein bedeutendes Kapitel Deutscher Luftfahrtgeschichte gewaltsam beendet.

Reisen im Zeppelin

Ab Mitte 1931 wurden Südamerikafahrten mit dem Luftschiff LZ 127 „Graf Zeppelin" zur Routine. Ziel war jeweils Recife bzw. Rio de Janeiro. Allein im Südamerikadienst hat dieses Luftschiff zwischen 1931 und 1937 bei 126 Ozeanüberquerungen 1.252.000 Kilometer zurückgelegt.
Das Luftschiff „Hindenburg", LZ 129, hat zwischen Inbetriebnahme am 4. März 1936 und dem bedauerlichen Unglück am 6. Mai 1937 337.000 Kilometer bewältigt und dabei wechselweise im Nord- und Südamerikadienst 37 Mal den Atlantik überquert. Die Fahrten nach Rio dauerten um 90 Stunden, die nach Lakehurst um 60 Stunden. Der Komfort an Bord wurde entsprechend groß geschrieben. Neben Einzel- und Doppelkabinen mit fließend Kalt- und Warmwasser war die LZ 129 mit einem komfortablen Speiseraum, einem Gesellschaftsraum, sowie Schreib- und Leseraum ausgestattet. Die Bordbar war nahezu rund um die Uhr geöffnet und wer Lust auf eine gute Zigarre hatte, zog sich in den Rauchsalon zurück. Küche und Service entsprachen dem eines First Class-Hotels. Die aus jener Zeit vorhandenen Bord-Speisekarten sprechen für sich.

Speiseraum im Luftschiff LZ 129 „Hindenburg", Backbordseite

Gesellschaftsraum im Luftschiff LZ 129 „Hindenburg", Steuerbordseite, mit einem speziell gefertigten Leichtbauflügel, Fabrikat Blüthner

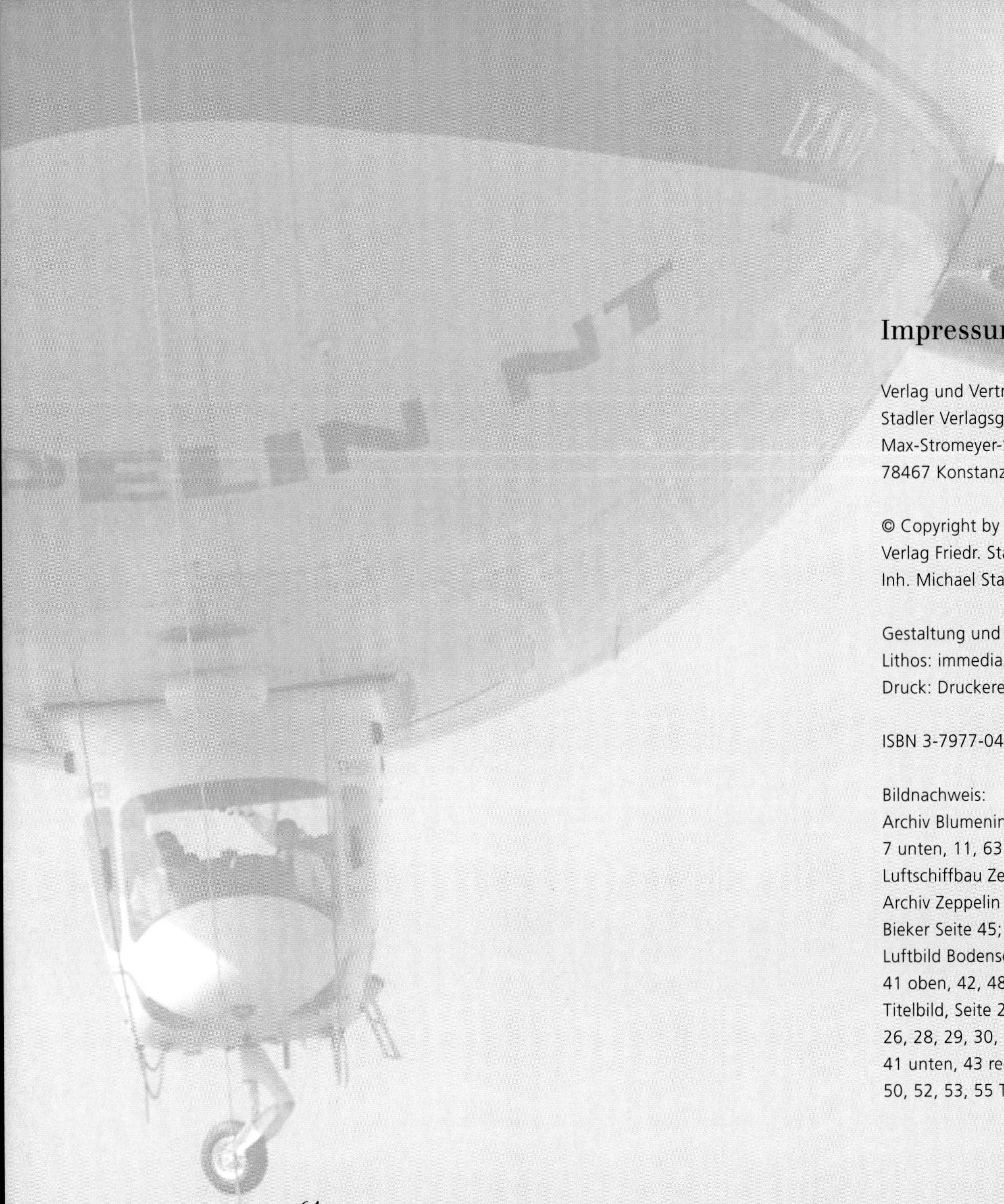

Impressum

Verlag und Vertrieb:
Stadler Verlagsgesellschaft mbH, 2003
Max-Stromeyer-Straße 172
78467 Konstanz

Gestaltung und Satz: Olaf Zeidler, Konstanz
Lithos: immedia23, Stuttgart
Druck: Druckerei Uhl, Radolfzell

ISBN 3-7977-0488-7

Bildnachweis:
Archiv Blumeninsel Mainau Seite 43 links; Archiv DZR Seite 6 links, 7 unten, 11, 63 unten, Titelrückseite kleine Bilder; Archiv Luftschiffbau Zeppelin GmbH Seite 5, 56, 57, 59, 61, 62 63 oben; Archiv Zeppelin Museum Seite 33 unten; Archiv ZF Seite 12/13; Josef Bieker Seite 45; F. Drölle Seite 46, 51, 54; Volker Geiling Seite 6 rechts; Luftbild Bodensee/Stanko Petek www.luftbild.com Seite 20, 24, 40, 41 oben, 42, 48; Hella Wolff Seybold Seite 44; Dr. Rolf Zimmermann Titelbild, Seite 2, 4, 7 oben, 8, 9, 14, 15, 17, 18, 19, 21, 22, 23, 25, 26, 28, 29, 30, 31, 32, 33 links, oben rechts, 34, 35, 36, 37, 38, 39, 41 unten, 43 rechts, 45 oben links, oben rechts, unten rechts, 47, 49, 50, 52, 53, 55 Titelrückseite großes Bild.